DU

DROIT ITALIQUE A LYON

ET DE SES DESTINÉES

DANS LES TEMPS MODERNES

PAR

M. A. VACHEZ

AVOCAT, DOCTEUR EN DROIT,

PRÉSIDENT DE LA SOCIÉTÉ LITTÉRAIRE

LYON

IMPRIMERIE D'AIMÉ VINGTRINIER

Rue de la Belle-Cordière, 14.

1870

DU DROIT ITALIQUE A LYON

DU

DROIT ITALIQUE A LYON

ET DE SES DESTINÉES

DANS LES TEMPS MODERNES

PAR

M. A. VACHEZ

AVOCAT, DOCTEUR EN DROIT,

PRÉSIDENT DE LA SOCIÉTÉ LITTÉRAIRE

LYON

IMPRIMERIE D'AIMÉ VINGTRINIER

Rue de la Belle-Cordière, 14.

1870

DU DROIT ITALIQUE A LYON

ET DE

SES DESTINÉES DANS LES TEMPS MODERNES (1)

PEINE fondée sur le territoire de la Gaule chevelue, par des colons romains, que des querelles intestines chassaient de Vienne, la ville de Lyon fut l'objet des plus grandes faveurs des maîtres de l'Empire.

C'est qu'en effet Lyon fut, dès l'origine, une ville toute romaine. Rien dans ses souvenirs ne pouvait lui rappeler le temps de l'indépendance gauloise, et son heureuse situation au pied des Alpes en faisait, suivant l'expression pittoresque d'un historien. « *comme un œil de l'Italie ouvert sur toutes les Gaules* » (2). Aussi Auguste en fit-il la capi-

(1) Lu à la réunion des Sociétés savantes, à la Sorbonne, dans la séance du 21 avril 1870.

(2) Michelet, *Histoire de France*, I, p. 71.

tale de la province conquise par César, et donna-t-elle son nom, pendant plus de quatre siècles, à la majeure partie de l'ancienne Celtique.

Lyon était la vraie fille de Rome, et Rome entoura son berceau de toutes les splendeurs des richesses et de l'art antiques. Comme sa mère, la nouvelle cité eut ses temples, ses théâtres et ses arènes. Ses aqueducs égalèrent par leur majesté ceux de la ville éternelle, et ses palais virent naître les fils des Césars.

Devenue ainsi le siége du gouvernement de la Gaule, Lyon reçut des premiers empereurs des droits que Rome n'accordait qu'avec réserve aux villes de l'Empire. Elle fut élevée au rang de colonie romaine, et reçut à la fois le privilége de fournir des sénateurs à la ville de Rome et la jouissance du droit italique.

Si les prérogatives attachées à cette dernière faveur avaient toutes disparu avec la domination romaine, un retour vers ces époques reculées n'offrirait guère qu'un stérile attrait de curiosité. Mais la plupart de ces priviléges ont subsisté, en quelque sorte, jusqu'à nous; ils ont tenu une large place dans la vie de nos pères, et leur histoire est celle des luttes des générations qui nous ont précédés. Le droit italique a servi, en effet, de base à plus d'une franchise dont Lyon se montra toujours jalouse, car pendant que d'autres villes ne pouvaient invoquer que des chartes modernes, obtenues souvent par la force, notre cité reculait jusqu'à son berceau l'origine des priviléges dont jouirent toujours ses habitants.

Mais à quel prince Lyon dut-elle cette faveur ? Aucun texte précis ne nous l'apprend. Pourtant quelques historiens ont cru devoir l'attribuer à Auguste (1). Notre cité

(1) Laferrière. *Histoire du droit civil de Rome et du droit français*, t. III, p. 303.

devait à cet empereur le titre de capitale des Gaules, *caput Galliarum*, et cet honneur insigne permet bien de croire à la concession des plus grands priviléges dans l'ordre politique. Enfin, on sait avec quelle facilité ce prince conféra aux habitants des colonies le droit de latinité et même celui de cité (1).

Si ces présomptions ne permettaient point de faire remonter aussi haut la concession du droit italique à notre cité, il faudrait tout au moins en fixer la date sous le règne de l'empereur Claude. Ce prince était né à Lyon ; il se fit un honneur de donner son nom à la nouvelle colonie, qui s'appela désormais : *Colonia Copia Claudia Lugdunum*, et il ne crut pouvoir refuser à sa patrie aucun des priviléges qui plaçaient une cité en dehors du droit commun. Aussi lorsque cet empereur vint demander au Sénat le droit aux honneurs pour les habitants de la Gaule chevelue, n'avait-il plus aucune faveur à réclamer pour la ville où il avait vu le jour.

Le droit italique a été connu de nos vieux historiens lyonnais. Mais aucun d'eux n'en a étudié les éléments et la véritable portée. Quelques-uns, et même parmi eux des auteurs modernes, l'ont confondu avec le droit écrit ; d'autres ont cru que ce droit ne concernait que l'état personnel des citoyens ; d'autres enfin ne lui ont attribué qu'un seul de ses effets, l'exemption de l'impôt.

Il était réservé à la science moderne de retrouver tous les priviléges conférés par ce droit et de nous en révéler la véritable nature. Et c'est à l'aide de ces lumières nouvelles que nous allons suivre ses destinées aux diverses époques de l'histoire de Lyon.

(1) Suétone. AUGUSTE. c. 47 : *Merita erga populum romanum allegantes latinitate vel civitate donavit.*

On sait combien Rome se montra jalouse, à l'origine, des droits qu'elle réservait à ses seuls citoyens.

Mais il vint bientôt un temps où il ne lui fut plus possible de s'agrandir, comme elle l'avait fait d'abord, en transportant dans ses murs les peuples qu'elle avait vaincus. Rome alors, comme l'a dit un historien, dut transporter en quelque sorte la cité au dehors, en faisant participer les habitants des villes conquises aux droits des citoyens romains (1). Ce fut ainsi que l'Italie obtint peu à peu des priviléges qui rendirent longtemps sa condition différente de celle des autres provinces. Or, lorsque Rome voulait attribuer à une cité une grande faveur, elle lui conférait le droit italique. Alors, par une sorte de fiction qui supposait la cité privilégiée située en Italie, les citoyens et le sol lui-même étaient assimilés à ceux de cette province et régis par les mêmes lois que ces derniers.

Ainsi concédé, ce droit conférait aux cités, qui l'avaient obtenu, trois principaux priviléges :

1° Le droit d'avoir une constitution libre, une organisation municipale indépendante, comme celle des villes italiennes, c'est-à-dire un sénat de décurions et des magistrats nommés dans la cité : des duumvirs, des édiles, un curateur ou *quinquennalis*, enfin une juridiction civile et criminelle indépendante de celle du *prœses* ou gouverneur de la province.

2° L'exemption de tout impôt direct, personnel ou foncier, c'est-à-dire de la capitation et des contributions territoriales, appelées *vectigalia* ou *stipendiaria*, qui frappaient les fonds provinciaux (2).

(1) Amédée Thierry. *Tableau de l'Empire Romain*. chap. IIe.

(2) Naudet. *Changements opérés dans l'administration de l'empire romain sous les règnes de Dioclétien et de Constantin*. I, p. 203.

3° Enfin une condition du sol qui conférait à ses détenteurs tous les droits des possesseurs des fonds situés en Italiè. Dans les autres provinces, les fonds de terre ne pouvaient faire l'objet que d'une simple possession, en vertu d'une concession consentie au nom du peuple romain, lequel était considéré comme le seul et véritable propriétaire. Aux habitants des villes investies du droit italique on reconnaissait, au contraire, tous les avantages de la propriété quiritaire ; comme en Italie les fonds ruraux et urbains appartenaient à la classe des choses dites *mancipi* ; leurs possesseurs, investis d'un droit de pleine propriété, pouvaient les aliéner par les modes solennels de la mancipation et de la *cessio in jure*, les acquérir par l'usucapion et les revendiquer devant les tribunaux. De même aussi, les immeubles de la femme mariée étaient soumis au principe rigoureux de l'inaliénabilité établi par la loi *Julia* pour les fonds italiques (1).

A ces privilèges de premier ordre venaient s'en ajouter plusieurs autres qui ont laissé moins de traces dans l'histoire et les monuments de la législation romaine. Tel était le bénéfice de la loi *Porcia*, qui défendait de frapper de verges un citoyen romain ; tels étaient aussi le droit de contracter de justes noces avec les citoyens romains *(jus connubii)* et celui de jouir de l'exemption du service militaire (2).

(1) De Savigny. *Histoire du droit romain au moyen-âge*. I. p. 63. *Commentaires des Gaius*. II, § 31.—*Instituts de Justinien*. II. titre 8. *Ulpien*. *Regul*. XIX. § 1.

(2) Laferrière. *Histoire du droit*, t. II, p. 231. — Un épigraphiste distingué, M. Allmer, qui a fait une étude particulière des monuments antiques de Lyon et de Vienne, a constaté en effet qu'il n'avait été découvert aucune inscription relative à des militaires originaires de Lyon. Cependant Tacite nous apprend que les Lyonnais faisaient

Ces derniers priviléges furent abolis naturellement par la constitution de Caracalla, qui conféra le titre de citoyen romain à tous les habitants libres de l'empire. Aussi n'en retrouve-t-on plus aucun vestige au IVe siècle. Le droit inhérent au sol lui-même subsista plus longtemps; mais il disparut à son tour au commencement du VIe siècle, quand Justinien abolit toute distinction entre les fonds italiques et les fonds provinciaux (1).

Il n'en fut pas de même des deux premières prérogatives attachées à la concession du droit italique, à savoir : l'immunité de l'impôt et les libertés municipales de la cité. La ville de Lyon, surtout, les a invoquées si souvent à toutes les époques, qu'il n'est pas sans intérêt de demander à nos annales quelles furent les transformations subies par un privilége, qui a laissé des traces si nombreuses dans notre histoire.

I.

IMMUNITÉ DE L'IMPÔT.

L'exemption de l'impôt direct établie au profit de Lyon, forme l'un des côtés les plus curieux de l'histoire du droit italique dans notre cité.

Cette immunité nous est nettement révélée par le jurisconsulte Paul, dans une énumération des principales cités affranchies du paiement du cens : « En Gaule, nous

partie de l'armée : *Se coloniam romanam et partem exercitus et prosperarum adversarumque rerum socios.* (*Hist.* livre I, 65). Mais au point de vue où semble se placer l'historien, le service militaire était considéré, non comme une charge, mais comme un privilége.

(1) *Instit. de Justinien*, livre II, titre 1er, *de Divisione rerum*. § 40.

« dit cet auteur, les habitants de Lyon et, dans la Nar-
« bonnaise, ceux de Vienne, jouissent du droit itali-
« que » (1).

Ainsi le privilége que Lyon devait à Auguste, ou tout au moins à l'empereur Claude, ne lui avait point été enlevé par les successeurs de ces princes, puisqu'il subsistait pleinement à la fin du deuxième siècle, époque où vivait le jurisconsulte Paul.

En fut-il de même aux siècles suivants ?

Lorsque sous le règne de Dioclétien, c'est-à-dire à la fin du troisième siècle, l'empire fut divisé entre deux Augustes et deux Césars, l'Italie forma avec l'Afrique le lot de l'Empereur Maximien. Mais cette dernière province ne pouvant seule suffire aux charges que lui imposait l'administration du nouveau César, il fallut enlever à l'Italie ses anciennes immunités et la soumettre à la condition de l'impôt, de la même manière que les autres provinces. Or, comme à cette époque Dioclétien fit dresser le cadastre général de tout l'empire, on s'est demandé si les villes en possession du droit italique avaient eu une condition meilleure que l'Italie.

La question a divisé les auteurs. M. de Savigny pense que le privilége de ces villes a subsisté même après que l'Italie en eut été privée (2). Et en effet la raison politique, qui fit soumettre cette province à l'impôt territorial, n'existait pas pour les autres parties de l'empire. Aussi Aurélius Victor, qui nous instruit de ce changement, ne parle-t-il que de l'Italie (3).

(1) Lugdunenses Galli, item Viennenses in Narbonensi, juris italici sunt (Digeste, loi 8, § 1, *de censibus*).

(2) De Savigny. La Thémis, t. X. Dissertation sur les impôts.

(3) Aurelius Victor. *De Cesaribus*, c. 39. Hinc denique parti Italiæ invectum tributorum ingens malum.

A cela on a répondu que l'exécution du cadastre général de l'empire, sous Dioclétien, ne dut pas laisser aux villes investies du droit italique une condition meilleure que celle de l'Italie elle-même, sinon un fait aussi exceptionnel n'eût pas manqué de laisser des traces positives dans l'histoire, aussi bien que dans les monuments législatifs de cette époque (1).

Quelle que soit la valeur de cette probabilité historique, nous devons dire que pour Lyon, au moins, les documents historiques semblent trancher la question en faveur du maintien du privilége.

En 457, les habitants de cette ville, irrités de la déposition de l'empereur Avitus, refusèrent de reconnaître Majorien son successeur. Entraînés par un certain Pæonius, ils proclamèrent pour empereur Marcellin, personnage aussi distingué par ses talents militaires que par son savoir. Mais Majorien, sans laisser à ses adversaires le temps de préparer leur défense, envoya son lieutenant Egidius assiéger Lyon, qui fut emportée de force.

Comme peine de sa révolte la ville fut dépouillée de ses anciens priviléges, accablée d'impôts onéreux et livrée aux excès d'une garnison qui mit le comble aux maux qu'elle avait soufferts pendant le siège (2).

Pour obtenir le pardon de la cité rebelle, Sidoine Apollinaire fit en vers le panégyrique de Majorien et supplia ce prince de délivrer la malheureuse cité des lourdes taxes qui lui avaient été imposées (3). Les louanges du poète parvinrent-elles à toucher l'empereur? Sidoine Apollinaire ne nous l'apprend point d'une manière expresse. Mais le

(1) Laferrière. *Hist. du droit.* II, 211. et III, 303.

(2) *Art de vérifier les dates.* I, p. 402.

(3) Sid. Apoll. *Carmen* V et XII.

ton de sa double supplique et la clémence bien connue de Majorien autorisent à le croire. Aussi les historiens modernes rapportent-ils tous que Lyon dut la restitution de ses anciennes franchises au poète dont la muse était destinée à chanter tous les monarques éphémères de cette époque agitée (458) (1).

S'il en fut ainsi, il paraîtrait que Lyon avait perdu de nouveau ses priviléges quelques années après, car Grégoire de Tours nous apprend, dans son traité de la *Gloire des confesseurs*, que cette ville fut affranchie de tout impôt par l'empereur Léon Ier, parce que l'archidiacre de Lyon avait guéri la fille de ce prince: «Encore aujourd'hui, « ajoute cet historien, à trois milles autour de Lyon, il « n'est perçu aucun impôt public (2). »

De tous ces faits combinés, il résulte bien que Lyon jouissait encore de ses franchises au milieu du cinquième siècle, puisqu'elle en fut privée par Majorien qui l'accabla de lourds impôts. D'un autre côté, la suspension de ce privilége n'eut qu'une bien courte durée, car si notre ville ne fut pas restituée dans ses immunités par ce prince, elle les recouvra au moins dix ans plus tard, au temps de l'empereur Léon Ier, c'est-à-dire vers 467, époque à laquelle l'unité du monde romain, rompue depuis six années, fut rétablie par l'avénement d'Anthémius sur le trône d'Occident (3). Enfin le récit de Grégoire de Tours

(1) Fauriel. *Hist. de la Gaule méridionale*, I, 257 et 265. — Art de vérifier les dates, *loc. cit.* — Sidoine Apollin. Œuvres, édition de 1836, p. XXI. — Epist. L. I. 11. — *Archives histor. du Rhône*. II, p. 72. — Notes et documents de M. Péricaud, ann. 456 et 457.

(2) Grégoire de Tours. *De gloria confessorum*, cap. 63 : *Tributum civitati concedit. Unde usque hodie circa muros urbis illius in tertio milliario tributa non redduntur in publico.*—V. aussi Tillemont. *Hist. des Empereurs romains*. VI, 386.

(3) Amédée Thierry. *Récits de l'hist. romaine au Ve siècle*, p. 10 et 15.

nous prouve aussi qu'à la fin du VIe siècle, Lyon jouissait pleinement de la franchise de l'impôt, car cet historien, petit-neveu de saint Nizier, évêque de Lyon, devait sans aucun doute à ce prélat les renseignements précieux qu'il nous fournit à plusieurs reprises sur l'histoire de notre ville, et dont on ne saurait suspecter la sincérité.

L'invasion des barbares n'avait porté ainsi aucune atteinte à la jouissance de ce privilége. Les Burgondes avaient succédé aux Romains et les Francs aux Burgondes, sans que Lyon ait eu à subir la charge de l'impôt personnel et foncier. Il est vrai que la *Loi romaine* des Burgondes avait assujetti les Gallo-Romains au paiement du tribut. Mais ce document ne saurait contredire l'attestation de Grégoire de Tours, puisque l'exemption établie au profit de Lyon constituait un privilége et par conséquent une dérogation au droit commun.

On sait, au surplus, que les impôts, sous la domination des peuples germaniques, étaient surtout perçus en nature et ne constituaient guère que des impôts indirects(1). Quand vint l'époque féodale, et que Lyon tomba sous la domination de ses archevêques, cette ville ne perdit point encore ses franchises. Les revenus seigneuriaux du prélat consistaient seulement dans les péages, les droits de mutation, les frais de justice et les amendes. Aussi, dans la charte communale de 1320, l'archevêque Pierre Savoie reconnaît-il, spécialement en ce qui concerne l'exemption de l'impôt direct, que les bourgeois de Lyon avaient toujours joui de ce privilége, en vertu du droit italique :

« Considérant, porte ce traité, qu'il est écrit dans la

(1) Montesquieu. *Esprit des Lois*, L. 30. chap. XII et XIII. — Grégoire de Tours. *Hist. des Francs*, l. IV, ch. 2.

« vieille loi des philosophes que les *Lyonnais sont de* « *ceux qui, en Gaule, jouissent du droit italique*, nous « désirons, par affection de cœur, *maintenir* amiablement « notre illustre ville de Lyon et ses citoyens dans leurs « libertés, usages et coutumes..... »

En conséquence, ajoute cette charte : « Les citoyens « ne peuvent être taillés ni imposés, *et jamais* ils n'ont « été imposés par le seigneur : *Nec unquam fue-* « *runt* (1). »

En 1336, cette immunité fut mise, comme toutes les autres franchises de la ville, sous la protection du roi de France, qui en promit solennellement le maintien, et cette double consécration officielle donnée ainsi à un droit, aussi ancien que la cité elle-même, qui avait pu être suspendu, mais jamais aboli, assura, pendant de longues années, aux bourgeois de Lyon, l'exemption de tout impôt pour leurs propriétés immobilières, soit à Lyon, soit dans toute autre province du royaume.

Mais la jouissance paisible de ce privilége fut menacée le jour où Charles VII institua la taille permanente (1445). Jusqu'alors cet impôt n'avait jamais été établi que d'une manière provisoire, et Lyon, en s'appuyant sur ses anciennes franchises et sur les conditions de sa réunion au royaume, avait pu aisément échapper à la perception de cette taxe.

Mais dès ce moment commence, entre les bourgeois de cette ville et les habitants de la campagne, une lutte qui devait durer presque jusqu'à nos jours.

(1) Menestrier. *Histoire civ. et consul. de la ville de Lyon. Preuves*, p. 94.—Recueil des chartes, lettres-patentes, édits, déclarations, etc. par lesquels les bourgeois et habitants de Lyon ont été maintenus dans leurs anciennes coutumes, libertés et franchises, p. 36 et suiv. Lyon, Aymé de la Roche, 1771.

On en comprend facilement la raison. La taille était un impôt de répartition, comme nous dirions aujourd'hui, et son chiffre, fixé à l'avance pour chaque paroisse, était d'autant plus lourd pour chacune d'elles, qu'il existait sur son territoire des maisons et des fonds de terre appartenant à des bourgeois de Lyon ; en effet cè qui n'était pas payé par ces derniers retombait à la charge des habitants. La population des villages voisins de la ville se montra donc toujours ennemie déclarée d'un privilége qui avait pour résultat d'accroître des charges déjà bien onéreuses pour le laboureur.

La cause des habitants de la campagne était digne d'intérêt. Pourtant il faudrait se garder de la juger d'une manière trop absolue et sans tenir compte des circonstances et des époques. Si l'on songe que Lyon supportait une foule de charges, que ses citoyens veillaient eux-mêmes à la garde la ville, qu'ils contribuaient aux frais de l'entretien des fortifications et qu'aux époques de troubles et d'incursions des Tards-Venus ou des Ecorcheurs, les habitants des campagnes trouvaient un asile assuré dans l'enceinte de la ville, il est incontestable que les charges respectives étaient à peu près égales. Mais du jour où la sécurité régna complètement dans les campagnes, cette exemption constitua véritablement une inégalité que nous avons peine à comprendre aujourd'hui.

Il fallait d'ailleurs que ces immunités fussent bien chères aux Lyonnais ; car rien ne put lasser leur constance à les défendre. A peine les bourgeois avaient-ils triomphé d'un adversaire qu'il leur fallait soutenir de nouvelles luttes. Chaque province en effet s'efforça, tour à tour, de faire supprimer un privilége odieux aux populations rurales.

Ainsi, dans la province de Bresse, une période de quarante années de procès contre les habitants de Meximieux, de Montluel, de Miribel, de Beynost, de Rillieu, de Sathonay, etc., commence en 1593 pour finir seulement en 1632, par un arrêt du Conseil du roi qui maintint expressément les franchises des bourgeois de Lyon (1).

Dans le Beaujolais, les habitants de Villefranche, de Cogny et de Fourneaux voient leurs prétentions repoussées par un arrêt de la Cour des Aides du 11 mai 1628 (2).

Dans le Forez, les habitants de Maleval succombent devant le Conseil du roi en 1646 ; — ceux du Franc-Lyonnais devant le même Conseil, en 1638 (3).

Mais ce fut avec les habitants de la province du Lyonnais, c'est à dire des villages où les bourgeois de Lyon possédaient le plus grand nombre de leurs terres, que la lutte fut la plus vive et la plus longue. Avec eux, le débat dura plus de trois siècles et il ne fallut rien moins que l'abolition des priviléges de l'ancien régime, pour le terminer.

A peine était établie la taille perpétuelle par Charles VII, que les habitants de Saint-Cyr, de Saint-Didier-au-Mont-d'Or, de Collonges, de l'Ile-Barbe, de Curis, de Saint-Genis-Laval, d'Irigny etc., comprirent les bourgeois de Lyon dans les rôles de leurs paroisses et soutinrent qu'ils devaient contribuer avec eux au paiement des tailles. Mais un arrêt du Grand Conseil, confirmé par des lettres patentes de Louis XI, du 23 avril 1472, repoussa leurs prétentions, et décida que les bourgeois de Lyon ne pouvaient être soumis aux tailles imposées sur le plat

(1) Recueil des chartes, lettres patentes, édits, etc., p. 32, 37, 44, 47 et 52.

(2) Recueil des chartes, lettres-patentes, édits etc, p. 28.

(3) *Ibidem*, p. 18 et 21.

pays, autrement qu'ils ne l'avaient été précédemment (1).

Cet arrêt assura, pendant près d'un siècle, aux bourgeois la jouissance paisible de leurs anciennes immunités, qui furent confirmées, à plusieurs reprises, par le roi Charles VIII, en 1485, par Louis XII, en 1498, et par François Ier en 1514 (2).

Mais la promulgation de l'édit d'Orléans de 1560 fit renaître le débat. L'article 129 de cet édit, rendu, suivant quelques historiens (3), sur les pressantes sollicitations des habitants de la campagne, imposait, en effet, à tous les bourgeois des villes franches l'obligation de donner leurs biens à ferme, pour que les fermiers fussent imposés à la taille, faute de quoi cet impôt serait mis à la charge des bourgeois eux-mêmes (4).

Lyon protesta vainement contre cet édit qui venait restreindre si grandement les priviléges dont ses bourgeois avaient joui jusqu'alors sans limites. Les habitants de la campagne ne perdirent pas du temps ; ils surprirent aussitôt, contre les bourgeois de Lyon, trois arrêts par défaut devant le Conseil du roi,en 1561, 1566 et 1578. Aux termes de ces arrêts, l'édit s'appliquait à tous les biens des bourgeois ; il n'était fait d'exception que pour les maisons de plaisance, les jardins, les garennes, les vergers, les clos plantés en bois ou en vigne et situés près desdites maisons, ainsi que pour deux arpents de vigne contenant chacun trois journées d'homme, clos ou non clos, pourvu qu'ils fussent contigus à l'habitation de plaisance.

(1) Recueil des chartes, lettres-patentes, édits, etc., p. 57.

(2) *Ibidem*, p. 58, 59, 64 et 65.

(3) Rubys, *Hist. de Lyon*, p. 400. — Paradin, *Mémoires de l'hist. de Lyon*. p. 367.

(4) Guénois. *Conférence des Ordonnances*, t. II, p. 1142.

Cette interprétation était à peu près conforme à celle qu'en avaient faite des lettres patentes du roi, enregistrées le 8 octobre 1563, qui avaient déclaré que l'ordonnance ne s'appliquait point aux maisons de plaisance, aux clos en dépendant, ainsi qu'aux jardins et aux garennes, et que nonobstant ses termes, les bourgeois de Lyon n'étaient point tenus de donner à ferme leurs vignes, leurs vergers et leurs bois, mais que néanmoins, si ces fonds étaient affermés, les fermiers seraient imposés, à raison de leur industrie et de leurs bénéfices (1).

On était déjà loin de la généralité des termes de l'édit d'Orléans. Mais ce n'était point encore assez pour les bourgeois de Lyon. Le 26 août 1581, ils obtinrent du Conseil du roi un arrêt contradictoire, qui mit à néant les trois arrêts par défaut rendus contre eux, à la requête des habitants de la campagne, et qui maintint expressément les bourgeois de Lyon dans les anciennes franchises dont ils jouissaient avant l'édit d'Orléans, *concernant l'exemption des tailles des biens roturiers en leur possession*. Toutefois, pour diverses raisons d'humanité, et notamment, à cause des malheurs du temps, et de la nature du sol accidenté et peu fertile de la campagne lyonnaise, ce même arrêt accorda, aux habitants *du plat pays* une décharge annuelle de 4,000 livres sur la grande taille. De plus il imposa aux bourgeois l'obligation de faire inscrire sur les registres du Consulat les biens qu'ils possédaient tant à la ville qu'aux champs. Enfin un séjour de dix années dans la ville fut exigé pour la jouissance du privilége (2).

Aucune autre restriction ne fut apportée alors à l'exer-

(1) Paradin. *Mémoires de l'Histoire de Lyon*, p. 367.

(2) Recueil des chartes, lettres-patentes, édits. etc., 2e partie p. 1.

cice de cette franchise, et l'exemption était absolue quand Lyon se soumit à Henri IV (1594). Aussi le Consulat stipula-t-il avec soin, à cette occasion, le maintien des anciennes immunités, conformément à l'arrêt du Conseil du 26 août 1581 (1).

Ce droit fut encore reconnu et confirmé par Henri IV dans ses lettres patentes du 19 janvier 1601 et par Louis XIII, le 29 avril 1634 (2).

Toutefois, à compter de ce moment, la jurisprudence de la Cour des Aides et du Conseil du roi tendit à restreindre chaque jour l'étendue de ces franchises, en essayant d'appliquer aux bourgeois de Lyon l'édit d'Orléans dans toute la rigueur de ses termes.

Ainsi un arrêt du Conseil, du 3 juillet 1597, tout en maintenant leurs privilèges, décide que les biens dont les bourgeois feront à l'avenir l'acquisition, seront donnés à ferme afin que les fermiers contribuent au paiement de la taille pour le soulagement du pays (3).

Un autre arrêt du Conseil, du 28 mai 1665, rendu contre les habitants de Saint-Chamond, limita encore davantage l'exercice de ce privilége. Aux termes de cette sentence, les bourgeois de Lyon, ayant un domicile de dix ans au moins dans la ville, pouvaient jouir de l'exemp-

(1) « Et de mesme joüyront de leurs anciens priviléges, pour l'exemption des tailles des biens roturiers lesdits habitants dudit Lyon, suivant l'arrest donné en nostre conseil privé, le 28 avril 1581. Comme aussi des priviléges d'exemption à contribuer au ban et arrière-ban, pour leurs fiefs et maisons nobles, le tout ainsi qu'ils en ont bien et deüement joüy et joüissent encore de présent. » *Edit et déclaration du roy Henry IV sur la réduction de la ville de Lyon en son obéissance, du mois de may 1594.* — art. 14.

(2) Recueil des chartes, lettres-patentes, édits, etc. p. 9.

(3) Recueil des chartes, lettres-patentes, édits, etc., p. 5.

tion des tailles, même pour les biens qui leur étaient advenus depuis qu'ils avaient acquis le privilége de l'exemption ; mais cette franchise était bornée à une seule maison de plaisance à leur choix, avec le clos et les dépendances, et à la charge de les faire valoir par leurs mains ou celles de valets ou domestiques. Quant aux autres fonds acquis depuis l'arrêt du Conseil de 1597, ils étaient tenus de les donner à ferme, pour que les fermiers fussent imposés à raison de leurs bénéfices (1).

Toutefois, il n'était apporté jusque-là aucune limitation à l'étendue des fonds clos dépendant de la maison de plaisance. Un arrêt du Conseil du 12 mai 1705, confirmé par des lettres patentes de Louis XV, du 1er décembre suivant, entra le premier dans cette voie. Cet arrêt donnait gain de cause aux bourgeois de Lyon contre les prétentions des habitants de Saint-Cyr, de Saint-Didier, de Saint-Germain, de Curis, de Quincieux, de Poleymieux et autres, qui avaient voulu soumettre les bourgeois au paiement de la taille. Mais il décidait, en même temps, qu'à l'avenir les maisons de plaisance, les clos et dépendances jouissant de l'immunité, ne devaient former qu'un tènement et ne pouvaient s'étendre au delà des chemins publics, des rivières et des ruisseaux qui leur servaient de confins. Et comme on pouvait craindre que les parties intéressées n'essayassent d'étendre ces limites en changeant l'emplacement des voies publiques, les mêmes lettres patentes, ainsi qu'un arrêt de la Cour des aides du 13 janvier 1706, défendirent aux bourgeois *d'abolir aucuns chemins publics pour étendre leurs maisons et clos* (2).

(1) Recueil des chartes, lettres-patentes, édits, etc., p. 75.

(2) *Ibidem*, p. 85 et 86.

Un arrêt du Conseil d'Etat du 3 avril 1734 alla plus loin encore, en décidant que les clos et les dépendances de la maison de plaisance, que les bourgeois de Lyon pourraient cultiver par eux ou par leurs valets, en toute franchise, ne devaient pas dépasser 25 arpents ou 75 bicherées lyonnaises (9 hectares, 69 ares et 75 centiares). Encore fallait-il qu'ils fussent situés dans une seule et même paroisse. Quant aux autres fonds, les bourgeois de Lyon étaient tenus de les donner à des fermiers qui seraient imposés au quart de la cote payée par les autres contribuables (1).

Vingt-cinq années s'écoulèrent ainsi. En 1759, les dépenses occasionnées par la malheureuse guerre de Sept ans, forcèrent le Roi de suspendre, pendant toute la durée des hostilités et les deux années qui suivirent le rétablissement de la paix, le privilége d'exemption de la taille établi au profit de divers offices et des villes franches (2). L'article 3 de la déclaration du 3 avril 1759 portait bien, il est vrai, que les bourgeois de ces villes, qui feraient valoir par leurs mains, leurs maisons de campagne et le clos attenant, continueraient à jouir de l'immunité. Mais, dès ce jour, le privilége n'était plus entier et la royauté savait qu'on pouvait impunément y porter atteinte. A peine étaient expirées les deux années qui suivirent la paix de 1763, qu'un édit du mois de juillet 1766 proclamait la suppression de l'exemption de la taille existant au profit des habitants de toutes les villes franches, pour les propriétés qu'ils possédaient hors de l'enceinte de ces villes. Il n'était fait d'exception que pour la ville de Paris. Partout ailleurs les bourgeois devaient

(1) Recueil des chartes, lettres-patentes, édits, etc., p. 89.

(2) *Ibidem*, p. 97.

être imposés pour les biens qu'ils exploiteraient eux-mêmes ou par leurs valets, dans le lieu de leur exploitation (1).

Cet édit jeta la consternation parmi les bourgeois de Lyon. Mais ils n'en refusèrent pas moins d'en subir l'application, et le Consulat lyonnais soutint énergiquement que ses termes ne pouvaient concerner notre ville. Le privilége des villes franches était aboli, sans doute, mais la situation de Lyon n'était point semblable à celle de ces villes qui tenaient leurs droits de concessions particulières et du bon vouloir de la royauté. Les immunités de la ville de Lyon remontaient au berceau même de la cité ; elles reposaient sur la concession du droit italique, que lui avaient faite les empereurs romains. En se donnant aux rois de France, cette ville avait stipulé le maintien de toutes ses franchises, et il ne pouvait être au pouvoir de la royauté de se prétendre dégagée des liens d'un contrat librement acccepté et maintes fois reconnu par tous les princes qui s'étaient succédé sur le trône de France. L'édit n'avait donc point supprimé les priviléges des bourgeois de Lyon.

Pour obtenir une semblable interprétation de l'ordonnance royale, le Consulat députa successivement à Paris, en 1769, M. Hugues Gaudin de Surjon, membre du tribunal de l'élection, et, en 1771, M. Prost de Grange-Blanche, avocat. On rechercha tous les titres qui établissaient les anciens priviléges de la ville ; on les publia dans un recueil qui nous a fourni une grande partie des éléments de ce travail. Mais Lyon trouva un ennemi déclaré de ses franchises dans le contrôleur général, ministre des finances de cette époque. Vainement lui fit-on of-

(1) Isambert. *Recueil général des lois françaises*, t. XXII. p. 459.

frir un don gratuit de 300,000 livres en échange du maintien de l'exemption de la taille. Vainement aussi fut-il proposé de réduire à 50 bicherées la surface des propriétés franches d'impôts. Le ministre, qui était alors l'abbé Terray, refusa d'admettre toute semblable combinaison (1).

Mais son refus n'avait que la valeur d'une opinion personnelle ; les bourgeois ne cédèrent pas davantage et le débat suivit son cours. La question, portée devant les tribunaux, ne fut vidée d'abord que pour les fonds de produits exploités par les bourgeois eux-mêmes. Un arrêt du Conseil du 5 juin 1772 décida, à cet égard, que les bourgeois de Lyon, qui tiendraient en leurs mains des biens fonds leur appartenant, *seraient taxés d'office dans les rôles des tailles par le commissaire départi, dans la proportion de leurs exploitations.*

Cette décision ne satisfit ni les bourgeois de Lyon, ni les habitants. D'une part, les cotes d'office permettaient de ménager arbitrairement les bourgeois ; de l'autre, ces derniers trouvaient encore cette taxe illégale et contraire à leurs anciennes franchises. Aussi vit-on renaître entre eux un débat qui donna lieu aux solutions les plus contradictoires et dont il serait trop long de raconter les péripéties diverses. Une sentence du tribunal de l'Election des 11 et 18 décembre 1778, confirmée par un arrêt de la Cour des Aides du 3 septembre 1779, trancha enfin le litige, en prononçant que les bourgeois de Lyon étaient exempts de la taille personnelle pour les terres de revenus quelconques, cultivées par des fermiers imposés à raison des bénéfices de l'exploitation, mais que les mêmes bourgeois seraient soumis à la taille dite d'exploita-

(1) Archives de la ville de Lyon. AA. 131, BB. 337.

tion pour les fonds qu'ils cultiveraient eux-mêmes ou par leurs valets.

Quant à la question de savoir si l'édit de 1766 avait supprimé l'exemption établie précédemment au profit des maisons de plaisance et du clos de 25 arpents, elle n'était point résolue encore treize ans après la promulgation de cet édit, et l'arrêt de la Cour des aides, du 3 septembre 1779, se bornait encore, à cet égard, à renvoyer les bourgeois de Lyon à se pourvoir auprès de Sa Majesté, pour faire interpréter le sens de l'édit sur ce point. Mais si, en droit, le doute subsistait encore, en fait, les bourgeois n'en continuaient pas moins à jouir de l'exemption, et leur privilége fut maintenu définitivement par un arrêt du Conseil du roi, du 24 avril 1781, qui mit enfin un terme à ces longs débats (1).

Telle était la situation au moment où éclata la Révolution de 1789. Indépendamment de plusieurs autres priviléges étrangers à notre sujet (2), les bourgeois de Lyon jouissaient encore à cette époque de l'exemption complète de l'impôt direct pour leurs maisons de plaisance à la campagne et leurs clos de 25 arpents (3), ainsi que de la franchise partielle des trois quarts des contributions foncières pour les propriétés cultivées par les fermiers.

Mais le temps des priviléges était passé. Déjà l'édit de 1759 invoquait l'égalité naturelle qui devait exister entre tous les sujets d'un même Etat, pour suspendre momen-

(1) Bibliothèque de la ville de Lyon. Fonds COSTE, nos 6348 et 6351.

(2) Tel était notamment le droit pour les bourgeois de Lyon de vendre leur vin, sans être tenus de payer aucun droit d'aide ou d'octroi.

(3) Ce fait nous donne peut-être la raison de la quantité considérable de propriétés closes que l'on remarque aux environs de Lyon.

tanément l'exemption de la taille. La déclaration de 1766, qui n'avait pu produire tous ses effets, reposait aussi sur le même principe. Au surplus, dans les derniers temps, Lyon semble avoir fait du maintien de ses franchises fiscales, moins une question d'intérêt que d'amour-propre. La somme importante offerte, en 1771, pour conserver les anciens priviléges, le démontre.

Aussi quand vint le moment solennel des élections des députés aux États généraux de 1789, les bourgeois de Lyon réclamèrent-ils eux-mêmes l'abolition d'un privilége, dont le maintien était incompatible avec la nouvelle organisation politique qu'il s'agissait d'établir : «Les im« pôts, porte le cahier du Tiers Etat de la province du « Lyonnais, seront supportés avec égalité, en proportion « des biens et facultés, par tous les sujets de l'Etat, sans « distinction d'ordre, et sans égard à toutes prétentions « et priviléges de la part d'aucune ville ou province du « royaume. »

Plus loin, le même document ajoute que « les habitants « de la ville de Lyon avaient le plus ferme désir de sup« porter, en raison de leurs propriétés et facultés dans « la ville, l'impôt public dans la plus parfaite égalité avec « les habitants de la campagne, et qu'ils avaient renoncé « à toute espèce de privilége attaché à la qualité de bour« geois de Lyon (1). »

Ainsi ces franchises qu'ils avaient revendiquées, les armes à la main, contre le pouvoir féodal, et que pendant plus de trois siècles, ils avaient défendues avec constance

(1) Procès-verbaux des séances des assemblées générales des Trois Ordres et des assemblées particulières du Tiers Etat de la ville et du ressort de la sénéchaussée de Lyon, tenues en mars et avril 1789. — Lyon, Aymé DELAROCHE, 1789, p. 151 et 154.

contre les prétentions des habitants de la campagne et contre l'autorité royale elle-même, les bourgeois de Lyon les sacrifiaient généreusement, quand il s'agissait d'assurer le triomphe des grands principes qui allaient renouveler la société moderne. Leurs vœux avaient devancé, de plusieurs mois, le décret mémorable du 4 août 1789, qui, en supprimant tous les priviléges, proclama pour tous les citoyens l'égalité de l'impôt.

II

FRANCHISES MUNICIPALES.

Dans les cités auxquelles Rome avait concédé la jouissance du droit italique, ni l'administration, ni le pouvoir judiciaire n'appartenaient au *præses* ou gouverneur de la province, mais aux magistrats de la cité elle-même.

Lyon eut ainsi, comme les villes de l'Italie, sous l'Empire :

1° Sa Curie, composée de propriétaires de 25 jugères de terrain (6 hectares 32 ares et 10 centiares), qui nommaient les magistrats et les fonctionnaires inférieurs.

2° Son Sénat de Décurions, section de la Curie, formant comme un conseil supérieur au sein de la Curie elle-même et composé originairement de la dixième partie des citoyens de la colonie (d'où le nom de décurions), puis des fils de sénateurs, des membres de la curie qui avaient rempli toutes les charges municipales et d'anciens fonctionnaires de l'Empire.

3° Ses Duumvirs *juridicundo*, magistrats qui représentaient les deux consuls de la Ville éternelle et auxquels appartenaient, avec la présidence de la curie, presque tout le pouvoir administratif et la juridiction civile et criminelle du premier ressort.

4° Un Curateur ou *Quinquennalis*, censeur de la cité, dont les fonctions duraient cinq années comme celles du censeur romain et qui était chargé de l'approvisionnement de la ville, de la ferme des terres publiques et de la surveillance des mœurs.

5° Enfin, ses Ediles, auxquels était confiée la police urbaine et la surveillance des édifices publics. (1).

Nous n'en sommes pas réduits, sur ce point, seulement à la ressource des simples inductions. Les inscriptions de notre musée lapidaire nous ont transmis, en effet, plus d'un souvenir de l'administration primitive de notre cité et jusqu'aux noms des magistrats de cette époque reculée.

C'est ainsi que l'inscription d'un taurobole, consacré le 9 décembre de l'an 161, pour obtenir des dieux la conservation des jours de l'Empereur Antonin le Pieux, nous apprend que le sacrifice, offert sur cet autel, avait été ordonné par le Sénat très-saint de Lugdunum : *sanctissimus ordo Lugdunensis* (2).

Ailleurs, nous voyons que le même sénat avait, sur la demande du peuple, élevé aux fonctions de duumvir, Sextus Ligurius Marinus, en considération de celles de pontife perpétuel qui lui avaient été décernées déjà (3).

Deux autres duumvirs nous sont connus également. Le premier, Patinius, duumvir *juridicundo* et prêtre à l'autel d'Auguste, vivait sous l'empereur Marc-Aurèle, qui lui donna l'intendance de la province Hadrymé-

(1) Raynouard. *Histoire du droit municipal*, t. I, p. 80. — Laferrière, *Histoire du droit*. II, p. 232.

(2) Musée lapidaire de Lyon. Portique XXIII, n° 287.

(3) Musée lapidaire. Portique XXXVIII, n° 327.

tine (1); le second, Q. Acceptius Firminus, décurion et duumvir de la colonie de Lugdunum (2), vivait probablement dans le cours du troisième siècle, si l'on en juge par les sculptures d'un sarcophage fort remarquable, découvert à la Guillotière, au mois de juin 1870, et qui accompagnait l'inscription funéraire sur laquelle nous avons retrouvé le nom de ce magistrat municipal.

Plusieurs inscriptions nous ont conservé les noms de L. Valérius Julianus, de Caïus Valerius Antiochus Libanius, de Julius Marcianus, et de Julius Primitius, tous quatre décurions de la colonie de Lugdunum (3).

Un autre monument est consacré à la mémoire de Julius Taurus, décemvir chargé de rendre la justice : *litibus judicandis* (4).

Une inscription, provenant des démolitions de l'ancien pont du Change, nous a transmis pareillement le nom du curateur Fulvius Æmilianus, qui devint plus tard consul à Rome, en l'an 206 de notre ère, tandis qu'une autre nous apprend que les mêmes fonctions de *Quinquennal* avaient été conférées à perpétuité à Claudius Sylvanus (5).

Enfin, le souvenir des attributions de nos édiles nous est conservé encore sur une pierre provenant de l'ancien cirque de Lugdunum (6).

(1) Musée lapidaire. Portique XXXIX, n° 333.

(2) Q. ACCEPTIVS. FIRMINVS. DEC. CCC. AVG. VG. IIVIR....
Cette inscription et le sarcophage, qui l'accompagne, ont fait l'objet de plusieurs articles fort remarquables de M. Allmer, insérés dans le *Salut public*, du 7 juin et des 7 et 8 juillet 1870.

(3) Monfalcon. *Lugdunensis historiæ monumenta*, p. 64, 74, 85 et 86.

(4) Musée lapidaire. Portique XXIII, n° 718.

(5) Spon. *Antiquités de Lyon* (nouvelle édition). p. 319 et 354 — Monfalcon. *Monumenta*, etc., p. 80 et 81.

(6) Spon. *Antiquités de Lyon* (nouv. édit.), p. 320.

Alors même que ces témoignages contemporains nous feraient défaut, nous trouverions encore la preuve de l'état florissant de l'administration municipale de notre cité, dans l'exemption des impôts directs, qui formait l'un des attributs du droit italique. Ne sait-on pas, en effet, que ce qui hâta la ruine des municipalités des villes de l'empire romain, fut l'obligation imposée par les derniers empereurs aux décurions, de garantir, sur leur fortune personnelle, le recouvrement de l'impôt? Or, dans les villes qui conservèrent, comme Lyon, l'exemption des charges fiscales, le corps des décurions demeura avec tous ses privilèges et tous ses éléments de prospérité. Et telle est, sans aucun doute, la cause de la durée non interrompue du droit municipal romain, qui apparaît plus clairement à Lyon que dans aucune autre ville de France, comme l'a constaté l'illustre historien Augustin Thierry (1).

Cette organisation ne disparut point, en effet, avec l'invasion des Barbares. Les Burgondes laissèrent les Gallo-Romains vivre sous leurs lois personnelles, et rien ne fut changé dans l'administration municipale. Les œuvres de Sidoine Apollinaire et de saint Avite, aussi bien que la loi romaine des Burgondes, nous en fournissent des preuves irrécusables (2). Au surplus, nos annales nous parlent, à plusieurs reprises, de l'état florissant des écoles de Lyon sous les rois burgondes (3); or, l'établis-

(1) *Essai sur l'histoire de la formation et des progrès du Tiers-Etat*, p. 340.

(2) Sidoine Apollinaire. Lettres, *passim*.— Saint-Avite : *Homilia de Rogat.* — Fauriel. *Histoire de la Gaule méridionale*, t. I. 455.

(3) Ea tempestate Lugdunensium civitas, prima ac præcipua Galliarum professione quoque scientiæ, artiumque disciplina *inter omnes*

sement de ces écoles était dû au pouvoir municipal (1).

Il en fut de même des Francs. Plus d'une charte nous révèle que les rois de la première et de la deuxième race avaient respecté les franchises dont les villes étaient en possession depuis un temps immémorial (2). Aussi le régime des lois personnelles subsistait-il encore pleinement au IXe siècle, du temps de l'archevêque Agobard (3), et Raynouard a-t-il pu retrouver aisément la preuve de l'existence de l'ancienne organisation municipale de Lyon, sous le règne de Charles le Chauve (4).

Le Xe et le XIe siècles ne nous ont laissé aucun souvenir écrit du régime municipal dans notre ville. Mais, comme l'a dit M. Guizot, ce silence qui s'étend, à cette époque, à bien d'autres faits de notre histoire, ne prouve rien contre la réalité des institutions qui nous sont révélées par une multitude de témoignages postérieurs (5).

Toutefois, si les traditions municipales persistèrent dans notre cité, il en fut autrement de l'antique droit de juridiction de ses magistrats. Comment se perdit cette prérogative du pouvoir municipal ? Lui fut-elle enlevée au temps de Charlemagne, dans cette grande réorganisa-

extulerat caput (Hericus. Antist. *de Vita S. Germani*. — Colonia. *Hist. littér. de Lyon*, t. I. 143.

(1) Sed gloriosus ille (Titianus) *municipalem scholam* apud Vesuntionem *Lugdunumque* variando, non ætate quidem, sed vilitate consenuit. (Ausone. *Gratiarum actio pro Consulatu.*)

(2) Baluze. *Miscellaneæ*. VI, 544. — D'Achery. *Spicileg*. III, 818. — Labbe. Annal. monast. cœn. Flaviniensis, t. I, 269. — *Idem*. Concil. t. VII.

(3) Agobardi Liber ad Ludovic. imperat. advers. Legem Gundobaldi cap. 4.

(4) Raynouard. *Histoire du droit municipal en France*. II, 154.

(5) Guizot. *Histoire de la civilisation en France*, 2e partie, 17e leçon.

tion de la justice, accomplie sous son règne? Fut-elle attribuée par ses successeurs aux comtes de Lyonnais? Passa-t-elle des mains de ces derniers en celles de l'archevêque et du Chapitre, quand l'Eglise demeura maîtresse de la ville de Lyon, à la fin du XIIe siècle? Aucun document ne vient nous apporter quelque lumière sur ce point.

Ce qui est certain, c'est que lorsque les bourgeois de Lyon se soulevèrent, au commencement du XIIIe siècle, contre la domination de l'archevêque, la justice appartenait à l'Eglise, et l'archevêque la garda, même après que Lyon eut fait connaître ses antiques libertés municipales.

Je n'essayerai pas de retracer le tableau de cette grande lutte. Elle dura plus d'un siècle, et mieux que tout autre fait, elle témoigne de la persistance des traditions de la municipalité romaine dans notre ville. Ce n'est point, en effet, comme un affranchissement, que les habitants de Lyon réclament une charte communale, mais comme une reconnaissance officielle de droits anciens et incontestés, qui remontent à l'origine même de la cité. Rien dans leurs réclamations, rien dans le premier traité de 1208, rien dans la charte de 1320, qui met un terme à ces longs débats, ne révèle une organisation nouvelle, ni la concession de franchises inconnues jusqu'alors. Le droit italique et les coutumes transmises de générations en générations, sont invoqués à la fois, comme la base du droit que l'archevêque, Pierre de Savoie, reconnaît aux bourgeois, de se réunir en assemblée et d'élire des conseillers ou consuls, pour l'administration des affaires de la cité (1). C'est au même titre que Lyon obtient la con-

(1) *Traité du mois de septembre 1208* :... Dominus siquidem archi-

firmation de tous ses anciens priviléges : la garde de la ville, la police urbaine, le droit d'imposer des taxes municipales, etc. (1). Enfin, comme pour mieux montrer la persistance des traditions municipales romaines, le gouvernement de la ville se trouve confié, à ce moment, à une assemblée de cinquante citoyens qui apparaît, avec raison, à Augustin Thierry, comme une ombre de la curie antique (2).

Seize ans plus tard, en 1336, la charte de 1320 reçut une dernière ratification, et les franchises des habitants de Lyon furent placées sous la protection du roi de France, représenté par un gardiateur. Le conseil de la *Cinquantaine* disparut alors pour faire place à un syndicat composé seulement de douze citoyens ; sénat essentiellement populaire, qui n'avait rien du caractère aristocratique de la curie romaine et qui représentait une forme de gouvernement rajeuni et conforme aux idées démocratiques de l'époque. Si, en fait, les honneurs du Consulat étaient toujours déférés aux notabilités de la ville et surtout aux citoyens les plus honorables (3), en droit, aucune condition de

episcopus et capitulum bonam libertatem civitatis et bonas consuetudines scriptas sive non scriptas promiserunt se bona fide *servaturos* (Guigue, *Obituar. ecclesiæ Lugdunensis*. p. XIII).

Charte de 1320 : Hæ sunt libertates, immunitates, consuetudines, franchisiæ et *usus diutius approbati civitatis*... quas et quos supplicant dicti cives per nos Archiepiscopum *approbari* et etiam *confirmari* ..

(1) Nam dicti cives ex vigore libertatis et ex consuetudine vel etiam secundum jura possunt et soliti sunt ab antiquo et per tanta tempora *de quibus non est memoria*, inter se taxare. — V. Menestrier. *Hist. civile et consulaire de Lyon*. Preuves, p.94 et s.

(2) *Essai sur l'histoire de la formation et des progrès du Tiers-Etat* p. 344.

(3) « On espluche, avec tant de soin, la vie de ceux qui aspirent à « ces belles dignités, qu'il est impossible que homme y puisse par-

fortune et de naissance n'était exigée des candidats aux fonctions municipales, dont l'élection était faite par le peuple entier (1), convoqué dans la chapelle de St-Jacques, au son de la cloche de St-Nizier.

Ce gouvernement était bien vraiment celui de la cité qui s'administrait elle-même, et son dévouement était d'autant plus grand, que les intérêts qui lui étaient confiés étaient les siens. Jamais aussi, à aucune autre époque, on ne vit un corps plus essentiellement populaire. Au besoin, l'humble boutique de l'un de ses membres servait de lieu de réunion, et nul appareil extérieur ne venait lui donner un prestige dont il n'avait aucun besoin.

Rien ne lui enleva ce caractère jusqu'à la fin du XIVe siècle. A cette époque, par suite d'une révolution insensible et à laquelle, par conséquent, on ne peut assigner une date précise, le droit d'élire les échevins a passé du peuple entier à la bourgeoisie, et les conseillers sont choisis par un collége de 144 électeurs, composé de deux maîtres de chacun des 72 corps de métiers, que désigne le Consulat, et qui votent sous la direction de deux conseillers sortants (2).

Le pouvoir municipal se trouva ainsi aux mains de

« venir qui soit le moins du monde marqué de quelque note d'infamie, « ressentant dénigrement de renommée, tant est saincte cette autho- « rité et honneur d'eschevinage, que la seule opinion de vice peut lui « donner empeschement. » (Ancien auteur du XVIe siècle cité par Th. Lavallée, dans son *Histoire de Paris*. II. p. 65).

(1) Il faut reconnaître cependant qu'il n'a pu être découvert, jusqu'à ce jour, aucun document contemporain qui établisse positivement ce fait. Je répète ici ce qui a été dit par tous les historiens de Lyon, dont le récit semble confirmé par les événements postérieurs, et surtout par les réclamations du peuple qui revendiqua à plusieurs reprises le droit de vote, pendant le cours du XVe siècle.

(2) Rubys. *Hist. véritable de la ville de Lyon*, p. 468.

l'aristocratie bourgeoise. Vainement, en 1402, les ouvriers et les gens des corps de métiers réclamèrent-ils à la fois et le droit de vote et celui de fournir des membres au corps consulaire. Ce mouvement populaire fut réprimé sévèrement, et le Consulat avait complètement perdu son organisation essentiellement démocratique du XIIIe siècle, quand Charles VIII vint compléter sa transformation, en accordant aux échevins lyonnais, par un édit de décembre 1495, la faveur d'être anoblis par l'exercice des fonctions municipales. Ce privilége était sans doute la juste récompense de services réels, et l'on ne saurait trouver ailleurs une source plus honorable de la noblesse. Mais il est permis de douter si les membres du consulat eurent vraiment lieu de s'en féliciter. Le dédain de la noblesse chevaleresque, aussi bien que la jalousie de la bourgeoisie et de la classe populaire leur firent payer cher cette nouvelle prérogative. Ils formèrent ainsi, pendant de longues années, une caste moyenne qui eut de la peine à faire oublier sa modeste origine (1). Dès ce moment aussi, les honneurs municipaux devinrent, encore plus qu'auparavant, l'objet de vives ambitions. La ville n'en fut pas mieux administrée, et c'est même, à cette époque, que nous voyons s'élever entre le Consulat et les corps de métiers ces violents débats qui remplissent les pages de l'histoire de Lyon, au XVIe siècle (2).

Toutefois, si le privilége créé par Charles VIII pouvait rendre le Consulat suspect à la classe populaire, il n'enlevait rien à l'égalité qui existait entre tous ses membres et les rendait, à un même degré, vivement soucieux des intérêts de la commune. Cette égalité disparut quand, un

(1) V. notamment Saint-Julien de Baleure, *Histoire des Bourgongnons*. p. 143.

(2) Clerjon. *Histoire de Lyon*, t. IV, p. 182, 203 et s.

siècle plus tard, Henri IV vint, par son édit du mois de décembre 1595, reconstituer la municipalité lyonnaise sur le modèle de celle de Paris, en réduisant le nombre des conseillers à quatre échevins, présidés par un prévôt des marchands, auxquels on adjoignit un procureur de la ville et un secrétaire. Ce changement, qui fut considéré comme une atteinte portée à l'ancienne constitution communale, ne se fit pas sans de vives protestations. Si l'on pouvait d'ailleurs reprocher à l'ancienne organisation de diviser le pouvoir et de paralyser l'activité du corps exécutif, l'histoire constate aussi, qu'à compter de ce changement, les affaires communales furent régies peut-être avec moins de zèle et de désintéressement. Douze conseillers égaux par le rang et le pouvoir, choisis pour un temps limité par les maîtres des corps de métiers eux-mêmes, offraient assurément plus de garanties d'émulation et d'indépendance. La nouvelle organisation, au contraire, concentrait en quelque sorte tout le pouvoir entre les mains du prévôt des marchands, auquel revenait tout l'honneur des actes accomplis sous son administration, et dont l'influence était toute-puissante sur ses collègues, auxquels il était supérieur par la dignité et par la naissance. Car, pendant que les quatre échevins étaient toujours les élus de la commune, le prévôt des marchands, qui devait appartenir à l'ordre de la noblesse, était nommé directement par le roi, et ce choix ne laissait plus, en apparence au moins, à la constitution municipale, son ancien caractère d'indépendance vis-à-vis du pouvoir central (1).

Cette organisation subsista pendant près de deux siècles. Mais, nous devons le dire, pendant toute cette

(1) Prost de Royer. *De l'administration municipale des villes*, p. 26.

période, qui fut celle du gouvernement absolu, le Consulat lyonnais n'oublia point ni son origine, ni ses devoirs, et maintes fois, on le vit défendre avec énergie les privilèges de la ville contre les empiètements de la royauté.

Des lettres patentes, du 30 août 1764, vinrent encore faire subir au corps consulaire une dernière transformation. A compter de ce jour, il fut composé d'un prévôt des marchands, de quatre échevins, de douze conseillers, d'un procureur de la commune, d'un secrétaire et d'un receveur. Cette organisation nouvelle rendait à Lyon plus d'une liberté perdue et associait davantage la ville au gouvernement de ses affaires intérieures. Aussi fut-elle accueillie avec faveur.

Désormais, en effet, le choix du prévôt des marchands était dicté, en quelque sorte, par les citoyens eux-mêmes, puisque le roi était forcé de le choisir sur une liste de trois candidats présentés par l'assemblée des notables. Une situation plus indépendante était faite aux échevins, vis-à-vis du prévôt des marchands. En même temps, la nécessité de choisir les échevins parmi les conseillers de ville, dont les fonctions constituaient une sorte de stage, renfermait une garantie plus grande de l'expérience et de la capacité des membres du Consulat.

D'un autre côté, la composition du corps électoral n'était plus livrée à l'arbitraire, car, si ce corps, qui formait l'assemblée des notables, était réduit à trente-six membres, le choix n'en appartenait plus, comme autrefois, au Consulat. A l'exception des dix-sept membres de la commune et de deux officiers de la Cour des monnaies et de la sénéchaussée, qui en faisaient partie de droit, les autres membres étaient élus librement par les corps d'état auxquels ils appartenaient. Le Chapitre de l'Eglise de Lyon, l'ordre ecclésiastique, la noblesse, les trésoriers de France, l'ordre des avocats, le tribunal de l'élection et la corporation des notaires nommaient ainsi chacun un mandataire, pendant que cinq notables étaient élus par le commerce et quatre par les communautés d'arts et de métiers.

Ainsi composée, l'assemblée des notables n'était pas chargée seulement de l'élection des échevins et de la présentation des candidats aux fonctions de prévôt des marchands ; son contrôle s'exerçait encore utilement sur le maniement des finances municipales. Tout projet nouveau, à la charge de la ville, devait recevoir son approbation. Les dépenses annuelles ne pouvaient dépasser un chiffre déterminé par les lettres patentes, et l'examen attentif auquel elles étaient soumises ne permettait guère aux Lyonnais de critiquer l'emploi des ressources de la ville.

Si cette organisation nous paraît un peu compliquée, il est incontestable qu'elle présentait des avantages nombreux. L'Assemblée Constituante s'en écarta moins qu'on le croit généralement lorsque, par son décret du 14 décembre 1789, elle abolit les titres de prévôts des marchands, d'échevins et de conseillers de ville, et remplaça l'ancienne municipalité lyonnaise par une administration composée d'un maire, de vingt conseillers municipaux, d'un procureur de la commune et de son substitut. A ce corps municipal, elle eut soin, en effet, de joindre un Conseil général composé de quarante notables, à l'examen desquels étaient soumises toutes les affaires importantes.

Le corps municipal, aussi bien que le Conseil général des notables, était nommé, au scrutin de liste, et à la pluralité des voix, par tous les citoyens actifs de la commune. Mais, dans sa sagesse, le législateur de 1789 avait pensé qu'il ne convenait pas de livrer les destinées d'une ville à un corps électoral composé d'individus entièrement indifférents au maniement des deniers de la commune. Aussi, le même décret du 14 décembre 1789 exigea-t-il que, pour figurer sur la liste des citoyens actifs, c'est-à-dire des électeurs, on fût : 1° Français ou naturalisé français ; 2° majeur de 25 ans ; 3° domicilié de fait dans la commune depuis un an ; 4° imposé à une contribution directe de la valeur de trois journées de travail; et 5° libre de tout service à gages. Enfin, étaient exclus encore de la liste électorale, les banqueroutiers, les faillis, les débiteurs insolvables et les enfants qui détenaient une portion des biens de leur père, sans avoir payé leur part virile des dettes héréditaires.

La constitution de la commune lyonnaise a changé plus d'une fois depuis cette époque, et, comme nos autres institutions, elle a subi l'influence de toutes nos révolutions politiques. Le moment n'est pas venu encore d'en écrire l'histoire. A notre époque agitée, qui pourrait d'ailleurs prévoir les transformations nouvelles que nous réserve l'avenir? Mais quelle que soit la forme définitive qui doive prévaloir un jour, nous pouvons dire que depuis le triomphe des grands principes qui forment aujourd'hui la base de notre organisation politique et sociale, la chaîne des traditions romaines a été rompue. Car, si d'un côté, ces traditions consacraient des libertés, de l'autre, elles attribuaient aussi des priviléges, que repousse l'esprit moderne. Ici se termine donc véritablement l'histoire de nos anciennes institutions municipales, aussi bien que celle des franchises immémoriales de la ville de Lyon.

Mais, s'il est impossible et souvent périlleux d'essayer de pénétrer les secrets de l'avenir, un regard jeté sur le

www.ingramcontent.com/pod-product-compliance
Ingram Content Group UK Ltd.
Pitfield, Milton Keynes, MK11 3LW, UK
UKHW022151170726
13837UKWH00004B/1927

9 782329 162942